LE CADEAU D'ISAAC

Le cadeau d'Isaac a été créé en 1992 par le Théâtre Le petit Chaplin dans le cadre de la Quinzaine des sciences à Montréal, à Québec, à Sherbrooke, à Lévis et à Granby.

Nous remercions le Conseil des Arts du Canada ainsi que la Société de développement des entreprises culturelles du Québec (SODEC) pour l'aide accordée à notre programme de publication. Nous reconnaissons l'aide financière du gouvernement du Canada par l'entremise du Programme d'aide au développement de l'industrie de l'édition (PADIE) pour nos activités d'édition.

Le Loup de Gouttière
347, rue Saint-Paul
Québec (Québec)
G1K 3X1
Téléphone : (418) 694-2224
Télécopieur : (418) 694-2225
Courriel : loupgout@videotron.ca

Dépôt légal, 4e trimestre 2002
Bibliothèque nationale du Québec
Bibliothèque nationale du Canada
ISBN 2-89529-056-3
Imprimé au Québec

Raymond Pollender

Le CADEAU D'Isaac

THÉÂTRE

Illustrations Catherine Chaumont

Les petits loups
Le Loup de Gouttière

Pour célébrer son dixième anniversaire, la pièce sera interprétée par la troupe du Jardin spectaculaire, en novembre 2002, au Jardin botanique de Montréal.

Mise en scène
Serge Thibodeau

Texte, musique, arrangements, réalisation de la bande sonore
Raymond Pollender

Supervision musicale
Marc Pérusse

Scénographie
Serge Deslauriers et Pierre Raby

Éclairage et direction de production
Serge Péladeau

Conseiller scientifique
Pierre Chastenay, Planétarium de Montréal

Conseiller pédagogique
Georges Laferrière, Université du Québec à Montréal

Distribution
Bernard Carez
Stéphane Franche
Karine Poulin
Chantal Valade

Interprétation des chansons
Sylvie Tremblay

Pour Magalie

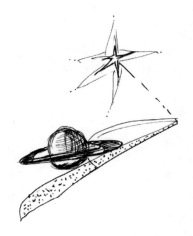

LES PERSONNAGES

PAR ORDRE D'ENTRÉE EN SCÈNE

KATOU : elle a dix ans, fonceuse et raisonneuse.

LE CHAT : le chat d'Isaac, grosse boule de poils, proche parent de *Garfield*. Par ses réflexions, il incarne le sens commun. Quand le chat parlera, les autres personnages ne pourront pas l'entendre, sauf le chien.

ISAAC : il a 28 ans, rieur et à l'allure sportive. Jeune professeur chargé de cours d'astronomie à l'université. Auteur de livres de vulgarisation pour l'enfance et la jeunesse.

LA MÈRE : la mère de Katou a tout juste trente ans. C'est une femme sympathique, instruite et pas compliquée.

M. DELISLE : la cinquantaine bien sonnée, il est le propriétaire bougon de la maison où habite Isaac.

LE CHIEN : pauvre teckel peu sûr de lui et déprimé. Tout comme pour le chat, quand le chien parlera, les autres personnages ne pourront pas l'entendre, sauf le chat.

PREMIER ENSEMBLE

À *l'ouverture du rideau la bande sonore diffuse les premières lignes de la chanson de Katou :*

> Milieu de l'été
> Nouvelle dans l'quartier
> Elle n'a plus d'amis
> Ni d'appétit
> S'ennuie souvent
> Bien trop souvent.

Katou passe derrière la clôture. Elle s'ennuie.

Lumière.

Isaac sort de chez lui et s'active dans sa cour. Il ouvre les volets et le chat vient s'installer sur le rebord de la fenêtre. Isaac le laisse et va installer la planète Mars dans le planétaire. Il cherche un crayon

*sur la table pour inscrire dans son cartable
la nouvelle planète. Il retourne à la maison
pour chercher un crayon.*

*Le chat est seul dans le cadre de la
fenêtre.*

LE CHAT

Wow ! le bel avant-midi ! Oh ! que ça va être
bon de ne rien faire toute la journée. Juste
de s'étendre au soleil. Ouah !... Ô frères
humains qui auprès de nous vivez, vous ne
savez donc pas ce que vous manquez ! Hum !
On est bien !

*Katou entre en scène en jouant rageuse-
ment avec son ballon.*

KATOU

Hé ! Ho ! Quelqu'un ? Y'a personne, personne !
Hé ! ça fait juste la troisième fois que je fais
le tour du quartier pour rien. Y'a personne...
On dirait qu'il y'a pas d'humain par ici.
(*Katou continue de frapper rageusement son
ballon*). Ah ! j'haïs ça, déménager ! Si les
déménagements ça se faisait pas en plein
milieu d'l'été aussi, peut-être qu'on aurait
des chances de se faire des nouveaux amis en
arrivant dans un nouveau quartier. Mais
non ! C'est l'désert ! Tout l'monde est parti
en vacances... Hé ! Quelqu'un ? C'est ça,

répondez-moi tous en même temps... Je vais m'en souvenir de mon déménagement. Pis que ma mère vienne plus me parler de changer de maison. J'ai déménagé pour la première pis la dernière fois. Je reste ici jusqu'à la fin du MONDE.

Katou continue à taper rageusement son ballon.

LE CHAT
Apercevant Katou. Oh ! non... C'est pas vrai ! Oh ! non ! On n'aura donc jamais la paix dans cette cour-là ?

KATOU
Voix hors champ. Pis c'est laitte ici ! Les maisons sont laittes, les ruelles sont laittes, les chats sont laittes...

LE CHAT
À Katou. Miaouaaaw !

KATOU
Quoi ? Qu'est-ce qu'il me veut, celui-là ?

LE CHAT
Insistant. Chhhhhht !

KATOU
Au chat. Hein ? C't'à moi que tu fais ça ?

LE CHAT
Miaow !!

KATOU
Au chat. Ah ! ben toi, mon espèce de pantoufle sortie de la sécheuse, tu viendras pas rire de moi ici. Tiens !

Elle lance le ballon vers la fenêtre où se tient le chat.

LE CHAT
AAAAAH !

Il a peur et disparaît dans la maison.

LE CHAT
Miaow !

KATOU
Bon débarras ! Oh ! non ! Oh ! non ! Eh ! que j'suis nounoune ! Mon ballon est dans la cour du bonhomme bizarre. Faut que j'aille le chercher. Qu'est-ce qu'il va dire s'il me voit dans sa cour ? Si on n'avait pas déménagé aussi ! Je suis quand même pas pour perdre mon ballon... Y'est pas là... Il le saura jamais.

Elle traverse la clôture d'un bond et fait quelques pas. La porte s'ouvre chez Isaac.

ISAAC
Chat !

KATOU
Oh ! non !

ISAAC
Qu'est-ce qui a bien pu te faire si peur que ça,
toi ? (*Le chat miaule.*) Le chien de M. Delisle ?

LE CHAT
Miaouuu !

> *Le chat est en colère et saute sur le
> cartable qu'Isaac tient dans ses mains.*

ISAAC
Oh ! c'est vrai, j'oubliais : le chien de M. Delisle
ne t'a fait, ne te fait et ne te fera jamais peur.

LE CHAT
Miaow !

ISAAC
J'm'excuse. (*Le chat détourne la tête.*) J'ai dit
que j'm'excusais. (*Le chat miaule de satis-
faction et Isaac le dépose sur le balcon.*) Un
ballon ? (*Apercevant le ballon de Katou à ses
pieds.*) C't'un ballon qui t'a fait si peur que
ça ? (*Le chat miaule de rage.*) T'as bien raison

mon vieux, un ballon, c'est bien pire qu'un chien ! (*Il fait mine de lui lancer le ballon.*)

LE CHAT
Chiiit ! (*Il entre dans la maison.*)

ISAAC
Isaac tape le ballon. Hé ! il est tout neuf, ce ballon-là !

KATOU
Ah ! non ! (*Elle se cache du mieux qu'elle peut.*)

ISAAC
À qui est-ce qu'il peut bien appartenir ? (*Isaac dribble avec le ballon.*) Hé ! Ho ! Quelqu'un ? Personne. (*Reportant son attention sur le ballon.*) Tiens donc ! Eh ! Tu m'as tout l'air d'avoir la bonne dimension, toi. (*Mesurant la dimension du ballon.*) C'est exactement ce qu'il me faut... Ballon, mon ami, tu pouvais pas mieux tomber.

Il embrasse le ballon. Le téléphone sonne. Le téléphone sonne à nouveau.

ISAAC
Le téléphone ! Pas moyen d'être tranquille deux minutes ! Graham Bell, mon ami, si j'avais été

ton père, je t'aurais fait étudier le ballon-panier, pas les mathématiques. (*Le téléphone s'acharne.*) Oui, oui, patience, j'arrive!

Isaac retourne chez lui avec le ballon. Katou se redresse.

KATOU
Eh! mon ballon! Qu'est-ce que je vais expliquer à ma mère, moi! (*Le chat marmonne.*) Oh! non! Quelqu'un! (*Katou se cache.*)

LE CHAT
En chantant. Trois petits chats, trois petits chats, trois petits chats, chats, chats, chapeau de paille, chapeau de paille, chapeau de paille, paille, paiiille! Hum! on est bien!

Un aboiement parvient depuis les coulisses.

LE CHAT
Se levant. Ah! non, pas lui aujourd'hui! Il faisait trop beau pour que ça dure. Moi, je vous l'dis, s'il y a un Bon Dieu pour les imbéciles, ben on le cherche encore pour les chats. Miaow! Miaow!

M. Delisle entre en scène avec son chien en laisse. Son chien, un vieux toutou sans volonté, a l'air d'un vieil ouvrier fatigué, découragé à l'idée d'aller au travail chaque matin. M. Delisle, lui, il est tout sauf sympathique. Malgré l'été, il porte un imperméable, un chapeau mou, un veston, un nœud papillon et une toute petite moustache au bord des lèvres qui lui fait comme une grimace permanente sous le nez. Il est évidemment de mauvaise humeur. Il s'arrête sur le bord de la clôture d'Isaac. À la première menace du chat, le chien de M. Delisle se cache derrière les jambes de son maître.

M. DELISLE
Bon, c'est ça, cache-toi, toi. Chien innocent ! J'ai jamais vu ça, un chien avoir si peur d'un chat. Sors de mes pattes ! Regarde, c'est rien qu'une vieille boule de poils mal peignés ! (*Le chat miaule.*) Reste pas comme ça. Fais un chien de toi !

LE CHAT
Chhhh ! Miaaaaow ! Chhh !

M. DELISLE
Réponds-lui !

LE CHIEN
Hun ! Hun ! Hun !

LE CHAT
Hé ! Hé ! Hé !

M. Delisle

Theu ! Je me demande pourquoi je te nourris encore, toi. (*Au chat.*) Va-t'en, chat ! Chhht ! Va-t'en ! (*Il fait un geste vers le chat.*)

Le chat fait une grimace et saute vers la maison. Il se retire avec l'air hautain et tranquille de ceux à qui rien ne fait peur.

M. Delisle

Découvrant le mobile d'Isaac. Ah ben ! C'est pas vrai ! Regardez-moi ça ! Mais qu'est-ce qu'il lui passe par la tête ? Là, là, il exagère. Accrocher des cochonneries comme ça devant ma maison, sur ma pelouse. Ah ! lui, je sais pas ce qui me retient de lui dire que...

Isaac sort sur le pas de sa porte et aperçoit le chien de M. Delisle attaché à la clôture.

Isaac

Salut, mon vieux chien !

M. Delisle

Ah ! Vous, il faut que je vous parle !

Isaac

Monsieur Delisle ?

M. DELISLE

Montrant le mobile du doigt. Qu'est-ce que c'est que ça ? Qu'est-ce que ça veut dire ?

ISAAC

Comme ça, ça ne veut pas encore dire grand-chose.

M. DELISLE

Écoutez, jeune homme, je vous parle poliment, ne riez pas de moi. Je vous ai demandé qu'est-ce que ce tas de... de... qu'est-ce que ça fait dans les airs devant ma maison ?

ISAAC

Ça, monsieur Delisle, c'est un planétaire.

M. DELISLE

C'est laid ! Ça défigure la rue ! Vous allez m'enlever ça de là tout de suite.

ISAAC

Monsieur Delisle, s'il vous plaît ! Je m'excuse de vous dire ça comme ça, je sais bien que c'est votre maison. Mais vous me l'avez louée, ce que je fais alentour à partir de là, c'est un petit peu de mes affaires, non ? Et puis ce n'est pas si laid que vous le dites.

M. Delisle
Parce que vous trouvez ça beau, vous ?... Ah ! et puis on peut jamais parler normalement avec vous. Vous êtes pas possible. Dire que j'ai accepté de vous louer ma maison parce que vous étiez professeur à l'université, un professeur d'astronomie par-dessus le marché. Je pensais que vous étiez sérieux. Si j'avais su, jamais, vous m'entendez, jamais...

Isaac
Jamais vous ne m'auriez loué votre maison.

M. Delisle
Content de vous l'entendre dire.

Isaac
Monsieur Delisle, s'il vous plaît...

M. Delisle
Et puis j'ai pas le temps de m'obstiner ce matin. Je vous dis juste que je ne veux pas voir cette chose-là devant ma maison plus longtemps. Faites-moi disparaître ça, puis ça presse.

Isaac
Monsieur Delisle, s'il vous plaît...

M. DELISLE

Y'a pas de «s'il vous plaît» qui tienne. J'ai décidé de vendre.

ISAAC

Vous voulez vendre la maison?

M. DELISLE

Oui, monsieur, je vais me débarrasser de cette vieille closepine de cabane-là qui me fait honte.

ISAAC

Mais, c'est une maison centenaire.

M. DELISLE

Monsieur Villedieu, j'ai décidé de vendre.

ISAAC

Où est-ce que je vais aller demeurer, moi?

M. DELISLE

À votre place, je commencerais à me chercher un nouveau dépotoir.

ISAAC

Je ne peux pas partir avant d'avoir fini mon planétaire. J'ai juste mon été pour faire ce travail-là. J'ai pas le temps de me chercher une nouvelle maison, je suis trop occupé!

Monsieur Delisle, vous pouvez pas me faire ça !

M. Delisle
Pis c'est quelle loi qui va m'en empêcher, hein ? Qui c'est qui voulait pas signer de bail de location... ? Qui c'est qui pouvait partir n'importe quand à l'autre bout du monde dans un observatoire... ? Qui c'est qui voulait pas d'attachement... hein ? C'était votre idée... ben là, ça fait mon affaire de vendre ma vieille cabane... J'suis dans mon droit, le jeune ! ! !

Le téléphone sonne chez Isaac.

Isaac
Le téléphone ! Monsieur Delisle, on pourrait s'entendre, il y a sûrement moyen de...

M. Delisle
Moi, je vends, vous, vous décollez !

Isaac
Attendez-moi, je réponds puis je reviens. Bougez pas !

Isaac entre chez lui au pas de course. M. Delisle, d'une incroyable mauvaise foi, fait mine de s'en aller avec un sourire de triomphe mesquin sous la moustache.

M. DELISLE

Bonjour. Puis oubliez pas : à la poubelle les cochonneries ! (*Pour lui.*) Hé ! Hé ! ce coup-là, je l'ai bien eu, le jeune. Hé ! Hé ! (*Au chien.*) Viens t'en, toi !

Après la sortie de M. Deslisle, Katou sort de sous son sac de poubelle.

KATOU

Ouach ! Ça pue ! Ah ! enfin... Ah ! non, le chat à c't'heure ! Hé, viande !

Elle se place avec dédain derrière le sac. Le chat remonte sur la clôture.

LE CHAT

Voix hors champ. Bon, ils sont partis. Où est-ce que j'en étais ? Ah ! oui : wow ! Le bel avant-midi ! Oh, que ça va donc être bon de ne rien faire toute la journée. Juste s'étendre au soleil... Ô frères humains qui auprès de nous vivez...

Un grand coup de tonnerre résonne sur tout le plateau. La pluie commence à tomber.

LE CHAT

Voix hors champ. Oh ! non, la pluie astheure ! Ô Ciel, je te défie ! Cesseras-tu de pleuvoir sur ton pauvre serviteur? Ô dieu des chats, si tu existes, fais-moi signe.

Katou, qui a tout suivi cachée derrière son sac de poubelle, se redresse un peu surprise par la pluie et sort de sa cachette.

KATOU
Ah, ouache! la pluie!

LE CHAT
Voyant Katou. Aïe!!!! (Il s'évanouit.)

KATOU
Chat? Eh! chat? Qu'est-ce qui te prend?

Elle passe dans la cour et s'arrête devant la maison d'Isaac.

KATOU
Mon ballon! Qu'est-ce que je vais faire?

ISAAC
Voix hors champ. Chat? Chat?

Isaac sort de sa maison. Katou se cache derrière le balcon pour ne pas qu'il la voie. Isaac aperçoit son chat évanoui sur la clôture.

ISAAC
Chat? Qu'est-ce qui t'arrive, mon pauvre minou?

KATOU
Moi, je me sauve !

Katou court vers chez elle. Isaac l'aperçoit et fait un pas vers Katou avec son chat dans ses bras, mais elle disparaît vite. Katou sort de scène.

ISAAC
Hé ! petite ? Reviens ! Partie ? (*La pluie s'intensifie.*) Viens, mon pauvre chat, je vais te soigner.

Il entre chez lui avec le chat.

Noir.

DEUXIÈME ENSEMBLE

Il pleut toujours et la pluie s'intensifie: tonnerre et éclairs. Katou regarde par la fenêtre.

KATOU

Trois jours! Ça fait trois jours qu'il pleut, pis la seule chose que je vois par la fenêtre, c'est l'invention bizarre du bonhomme d'en face. Ah! ben justement, le v'là! Hein, mais qu'est-ce qu'il a dans les mains? Ça ressemble à mon ballon, ça! Ben oui, c'est lui. Eh! il l'accroche au milieu de son paquet de cochonneries! Eh! mon ballon! Monsieur, mon ballon! Attends qu'il arrête de pleuvoir, toi...

Isaac ramasse ses choses sur la table et ferme ses volets.

Noir. Fin de la musique de l'orage.

TROISIÈME ENSEMBLE

Katou est dans la cour d'Isaac et regarde avec mauvaise humeur son ballon dans le planétaire.

KATOU
Personne... c'est parfait... OK à GO, GO ! ! !

Elle essaie de l'attraper mais sans succès ; il est bien trop haut pour elle.

KATOU
Y'est ben trop haut ! ! ! Comment j'vais faire ?

Katou choisit de monter sur le balcon de la maison pour tenter d'attraper le ballon. Elle monte avec précaution.

KATOU
J'ai pas le choix...

Isaac sort. Katou se fait toute petite pour se cacher d'Isaac. Le téléphone sonne.

ISAAC
Le téléphone ! Ah ! !

Il retourne chez lui en faisant semblant de ne pas avoir vu Katou. Katou tient sa main sur son cœur et descend à toute vitesse.

KATOU
Moi, je me sauve !

Katou aperçoit le banc.

KATOU
Ben non ! Le banc, nounoune ! ! ! C'est ma dernière chance, j'y vais... (*Elle essaie d'attraper son ballon.*) Eh ! viande de ballon !

Isaac revient.

ISAAC
Tiens, bonjour !

KATOU

Bon... bonjour. (*Vivement, montrant son ballon.*) J'pourrais-tu avoir mon ballon, m'sieur ?

ISAAC
Je te dis que t'as du caractère, toi !

KATOU
Mon ballon, m'sieur!

ISAAC
Isaac!

KATOU
Pardon?

ISAAC
Je m'appelle Isaac. Isaac Villedieu. J'aime mieux que tu m'appelles par mon nom que « monsieur ». Quand on m'appelle « m'sieur », j'ai toujours l'impression qu'on parle à quelqu'un d'autre à côté de moi.

KATOU
Je pourrais-tu avoir mon ballon, m'sieur Bondieu?

ISAAC
Rieur. Pas « Bondieu », Villedieu! Isaac Villedieu.

KATOU
S'il vous plaît! Mon ballon!

ISAAC
J'imagine que tu es la fille de la nouvelle voisine d'en face? Comme ça, tu viens de déménager... euh... (*Voulant savoir son nom.*)

KATOU
Katou. J'm'appelle Katou Cardinal.

ISAAC
Aimes-tu ça, le quartier, Katou Cardinal ?

KATOU
Pas trop, non, si ça n'avait pas été de ma mère, jamais j'aurais déménagé.

ISAAC
Et puis elle t'a pas écoutée. Elle t'a dit que tu allais t'habituer, que tu te ferais des nouveaux amis ?

KATOU
Ouais… Comment voulez-vous que je me fasse des nouveaux amis, tout l'monde est parti en vacances !

ISAAC
Pas moi.

KATOU
Pis après ? Vous êtes un vieux.

ISAAC
J'ai juste vingt-huit ans.

KATOU
C'est ça, vous êtes vieux !

ISAAC
Comme tu veux. Tu sais, je connais déjà ta mère.

KATOU
Hum...

ISAAC
Elle m'a même invité à venir prendre un jus un bon après-midi.

KATOU
Quand elle va apprendre que vous m'avez volé mon ballon, elle ne sera pas votre amie longtemps !

Isaac lance à Katou un ballon qu'il avait caché derrière son dos.

ISAAC
Pense vite !

KATOU
Hé ! Mon ballon ?

ISAAC
Non, pas l'ancien mais un tout neuf. Ta mère m'a expliqué que celui que j'ai trouvé devait être le tien.

KATOU

Elle était au courant que…

ISAAC

Eh ! oui, les mères, c'est surprenant des fois.

KATOU

Pouvez l'dire ! Des fois j'ai l'impression que c'est pas des yeux qu'elle a, mais des rayons X.

Isaac rit et se remet au travail.

KATOU

Coudonc, c'est quoi l'idée de barbouiller un ballon en bleu comme ça pour l'accrocher au milieu d'un paquet d'autres cochonneries ?

ISAAC

C'est pas un paquet de cochonneries, c'est un paquet de planètes.

KATOU

Incrédule. Des planètes ?

ISAAC

Oui, oui. C'est un planétaire, un modèle réduit où les cochonneries, comme tu dis, représentent notre système solaire.

KATOU
Pourquoi faire ? C'est téteux !

ISAAC
Ça se peut que ça soit téteux, mais moi, ça m'amuse. C'est une espèce de jeu pour me faire une image du monde dans lequel on vit. Les étoiles, les planètes, l'astronomie, c'est ma folie. Viens voir.

Il va vers son planétaire. Katou l'accompagne.

ISAAC
Dans mon planétaire, toutes les cochonneries, comme tu le dis si bien, représentent l'ordre dans lequel les planètes se trouvent les unes par rapport aux autres dans notre système solaire. Mais pour ce qui est de leur grosseur et des distances entre elles, j'ai un problème... il faut tricher un peu, beaucoup. Parce que si je représentais Pluton, la planète la plus éloignée du Soleil, par une bille grosse comme mon pouce, mon Soleil serait tellement gros qu'il rentrerait même pas dans la cour. Et en plus, il faudrait que j'aille accrocher Pluton dans une autre ville.

KATOU
Ça se peut pas.

ISAAC

Je te le jure. Tiens, si j'essayais de te dessiner sur cette planète-là, tu serais pas plus grosse qu'une patte de mouche, pas même un petit point noir, tout juste un petit quelque chose d'invisible d'où on est.

KATOU

Puis ça c'est quoi, au milieu ?

ISAAC

Le Soleil.

KATOU

Ça, le Soleil ? Y'est pas terrible, ton Soleil.

ISAAC

C'est aussi ce que pense mon propriétaire, M. Delisle.

KATOU

Ça en prend, de l'imagination, pour comprendre ta bébelle !

ISAAC

Oui, oui, oui, c'est un peu ça l'idée.

KATOU

Pis mon ballon, c'est la Terre ?

ISAAC

Eh ! oui ! la Terre. Puis je l'ai un peu peinturé pour qu'il lui ressemble plus.

KATOU

Intéressée et comptant les objets. Deux, trois, quatre. Il t'en manque, des planètes.

ISAAC

Oui, il m'en manque. J'ai la Terre, ton ballon, Saturne avec l'anneau et Jupiter, la plus grosse planète de notre système solaire.

KATOU

La p'tite rouge, c'est Mars !

ISAAC

Je n'ai pas encore trouvé Vénus, ni Uranus, ni Neptune, ni Pluton.

KATOU

T'aimes ça, les casse-têtes, toi ?

ISAAC

Oui !

KATOU

Tu travailles jamais ?

ISAAC

Oui, je travaille : j'enseigne à l'université. Mais là c'est l'été, et l'été, pour moi comme pour toi, c'est les vacances. L'été, j'écris des livres.

KATOU

Tu fais des livres. J'en ai déjà lus ?

ISAAC

En fait, je suis en train de finir mon premier livre.

KATOU

Puis ton heu... Comment donc ?

ISAAC

Planétaire.

KATOU

Il va être dans le livre ?

ISAAC

Ça, ma belle, c'est le morceau le plus important de mon livre. Si j'arrive à le finir, je vais pouvoir expliquer comment tous les enfants pourraient s'en fabriquer un pareil dans leur cour.

KATOU

Ça va faire pas mal de monde qui va fouiller dans les poubelles pour se trouver des planètes.

ISAAC

Tu m'as vu faire ?

KATOU

Ouais, pis je te trouvais pas mal bizarre.

ISAAC

Bizarre ? Mais c'est quand même avec c'que j'ai trouvé dans les poubelles que j'ai fait ce que tu vois. Bizarre, hein !

KATOU

Vas-tu avoir le temps de finir tout ça avant de déménager ?

ISAAC

Tu as entendu M. Delisle me dire qu'il veut vendre la maison ?

KATOU

J'étais pas loin... Comme ça tu vas déménager ?

ISAAC

Non, je ne pense pas déménager avant d'avoir fini mon planétaire. J'ai une petite idée derrière la tête qui va surprendre M. Delisle. Mais ça, je t'en reparlerai si ça marche.

KATOU
En tout cas je te souhaite pas de déménager : déménager, c'est l'enfer.

ISAAC
Tant que ça ?

KATOU
Tout est à l'envers, je me retrouve plus et pis en plus, la nuit, je fais des cauchemars effrayants.

ISAAC
Tu fais des cauchemars ?

KATOU
Toute la nuit. Je me revois dans les boîtes en train de déménager : tout est croche, je ne retrouve rien, c'est l'enfer.

ISAAC
Moi, c'est drôle, mais depuis que je travaille sur mon planétaire, je rêve aux étoiles, aux galaxies...

KATOU
T'es bien chanceux, j'aimerais ça rêver aux étoiles, ça me changerait un peu des cauchemars.

ISAAC
Je te le souhaite, Katou, je te le souhaite.

KATOU
Bon, je veux pas être mal polie, mais il faut que j'y aille. Ma mère va se demander où je suis passée.

ISAAC
Dis-lui bonjour de ma part. Et puis si ça te tente, si elle le veut bien, tu reviendras. Je suis toujours à bricoler aux alentours.

KATOU
Bon, bon, j'y vais.

ISAAC
Salut, Katou Cardinal.

KATOU
Salut, Isaac, heu...

ISAAC
Villedieu.

KATOU
Villedieu. Merci pour le ballon.

ISAAC
Katou ?

KATOU
Oui ?

ISAAC
N'oublie pas les étoiles, fais de beaux rêves.

KATOU
Promis ! Salut !

ISAAC
Salut ! ·

Elle sort. Isaac s'installe de nouveau à sa table de travail.

ISAAC
Bon, au travail.

Noir. Musique.

Lumière dans la chambre de Katou. Elle est en pyjama et se couche dans le lit en se parlant à haute voix.

KATOU
J'espère bien que je vais dormir sans trop rêver. Oh ! j'exagère peut-être un peu, au fond, c'est pas un quartier si pire que ça. Je m'ennuie quand même de mon ancien quartier ; là-bas, je connaissais tout le monde. Ici, personne ne me parle, j'ai pas d'amis. C'est la fin du monde. Bon, c'est sûr qu'Isaac est pas pire, mais ça fait quand même juste un ami : y'est drôle lui avec ses planètes, ses étoiles, son univers...

QUATRIÈME ENSEMBLE

Des lumières s'allument un peu partout sur la scène. Il n'y a plus de ruelle, plus de cour d'Isaac, plus de chambre de Katou, seulement un grand espace vide qui rappelle le vide intergalactique. Ambiance musicale. Des objets commencent à entrer en scène. Tout se promène librement dans l'espace, sans aucune direction précise. Les narrations seront lancées dans une espèce de flou, sans logique apparente, pour rappeler l'état de rêve.

ISAAC
Voix hors champ. Dans le ciel, dans l'univers...

KATOU
Voix hors champ. Le ciel, l'univers...

ISAAC

Voix hors champ. Tout est toujours en changement. Tout naît, tout meurt, déménage, se défait et se réorganise à nouveau.

KATOU

Voix hors champ. Tout déménage.

ISAAC

Voix hors champ. Les étoiles comme les humains vivent et disparaissent un jour ou l'autre. Les étoiles, elles, vivent très longtemps : des milliards et des milliards d'années. Et quand une étoile meurt, elle est remplacée longtemps après, très longtemps après, par une étoile toute neuve, née de tout ce que celle qui vient de mourir a laissé en disparaissant. Un nouveau monde s'organise, rassemblant tous les débris et les vidanges que l'ancienne étoile a laissés en s'en allant pour l'éternité.

KATOU

Voix hors champ. Tout déménage et tout se réorganise comme dans un nouveau quartier, avec des nouvelles vidanges, des nouveaux amis qui tournent ensemble dans des nouvelles ruelles. Non, j'haïs déménager ! C'est comme la fin du monde, déménager.

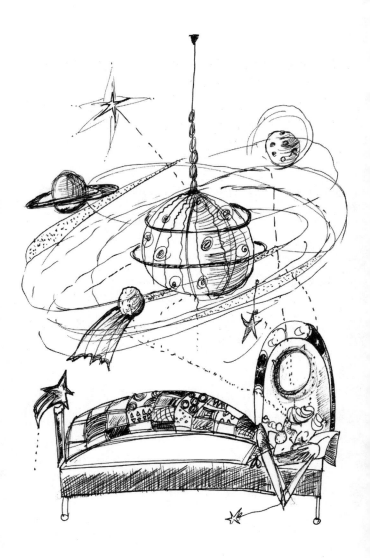

ISAAC

Voix hors champ. Comme un déménagement, c'est la fin d'un monde.

Une immense lampe chinoise toute rouge, figurant une étoile, entre en scène à bonne distance de Katou.

KATOU

Voix hors champ. D'un monde ? Oui, mais comment ça finit, une étoile ?

ISAAC

Voix hors champ. L'étoile, en vieillissant, finit de consumer ce qui la compose. Elle devient très, très grosse. Une super géante rouge.

Les objets se placent en orbite autour de la lampe chinoise.

ISAAC

Voix hors champ. Elle grossit, grossit et grossit tellement qu'elle finit par avaler les planètes les plus près d'elle.

Quelques objets, à proximité, disparaissent comme aspirés par la lampe.

KATOU

Voix hors champ. Oui, mais comment ça finit une étoile, comment ça déménage ?

ISAAC

Voix hors champ. Quand l'étoile a fini de dévorer tout ce qui la fait vivre, elle s'effondre sur elle-même et puis... elle explose.

KATOU

Voix hors champ. Quoi ? ! ! !

ISAAC

Voix hors champ. Elle devient une supernova, elle explose. Tout est écrabouillé, détruit, expulsé. C'est le grand déménagement qui commence.

KATOU

Tout est à l'envers !

ISAAC

Tout est sens dessus dessous dans ce qui était un monde où tout avait une place, un nom, un sens.

KATOU

Oui, mais comment j'arrive dans mon nouvel univers où tout avait une place ?

ISAAC

Avec le temps des rivières, des fleuves de temps, des milliards d'années.

KATOU
Eh ! viande, j'en étais sûre !

ISAAC
Voix hors champ. Quand la paix revient après la mort de l'étoile, il y a surtout des gaz et des débris.

KATOU
Mets-en qu'il y en a de la cochonnerie, alentour. On s'y retrouve plus !

ISAAC
Voix hors champ. Tranquillement, les gaz, eux, vont se rassembler en boules. Les plus petites vont devenir des planètes géantes comme Jupiter, Saturne, Uranus et Neptune. Les débris rocheux vont se rassembler pour faire des petites planètes comme Mercure, Vénus, la Terre, Mars et Pluton.

KATOU
Il fait froid ! On gèle !

ISAAC
Voix hors champ. C'est parce qu'on a oublié que la plus grosse boule de gaz, la plus dense, va se resserrer sur elle-même, se refouler, si tu veux. En se refoulant, le gaz va se réchauffer, puis se réchauffer, puis se

réchauffer, pour donner naissance à une nouvelle étoile, la fille de la supernova : un nouveau Soleil.

Le nouveau Soleil s'allume.

KATOU
Qu'est-ce qui se passe après ?

ISAAC
Voix hors champ. Presque plus rien pour des milliards et des milliards d'années. Un nouveau système solaire est né. Un nouveau quartier s'est recréé où la vie apparaîtra peut-être, un jour, sur une des planètes autour du nouveau Soleil. Et puis, quelquefois, la nouvelle étoile recevra de la visite. Une comète viendra faire son tour pour dire bonjour au système solaire.

LE CHAT
Oh ! J'ai le vertige ! Je veux m'en aller... oh !

ISAAC
Voix hors champ. C'est le moment idéal pour faire un vœu ou pour se rendormir dans le nouveau quartier autour de la nouvelle étoile, quelque part dans le coin d'une vieille galaxie, avec des milliards d'autres étoiles jeunes et vieilles.

KATOU

Voix hors champ. S'endormir dans un nouveau quartier, quelque part dans le coin d'une vieille ville avec des millions d'autres voisins, jeunes et vieux.

Fin de la musique. Les lumières tombent.

CINQUIÈME ENSEMBLE

Isaac est dans sa cour à sa table de travail. Il range des choses que Katou aura oubliées la veille. Isaac ouvre les volets. Le chat est tout près.

ISAAC

Étudiant les choses qu'il range dans un sac à dos. C'est tout un numéro, cette Katou-là, pas vrai, chat ?

LE CHAT

Katou ! Depuis quinze jours, c'est tout ce qu'on entend ici : Katou ! Katou ! Katou !

ISAAC

Deux semaines seulement qu'on est amis et puis la cour est déjà pleine de toutes ses affaires. C'est bon signe.

LE CHAT
Bon signe ?

ISAAC
Poursuivant son idée. Elle se sent chez elle et ça me fait plaisir. C'est pas facile pour une fille de son âge de s'habituer à vivre avec des nouvelles personnes.

LE CHAT
C'est pas facile pour nous autres non plus !

ISAAC
Et depuis qu'elle est là, je sais pas mais... il me semble que les choses ont changé. Même mon planétaire, je ne le vois plus de la même façon. J'te l'dis, chat, cette p'tite fille-là, c'est une vraie bénédiction.

LE CHAT
Découragé. Amen !

M. Delisle entre en scène en cherchant son chien.

M. DELISLE
Hé, closepine de closepine ! Chien sans cœur, où est-ce que t'es encore passé ? Tu vas voir comment je m'appelle ! Pitou ? Pitou ? (*Voyant Isaac.*) Villedieu. Faut que je vous

parle, je peux plus attendre moi. Ça fait deux semaines que je vous ai demandé...

ISAAC
Deux semaines? Déjà? C'est drôle, le temps, monsieur Delisle...

M. DELISLE
Je ne vous suis pas, là !

ISAAC
Le temps passe sans qu'on s'en aperçoive. C'est comme le ciel. Avez-vous remarqué comme le ciel est dégagé aujourd'hui ? Ça va être une belle soirée pour les Aquarides.

M. DELISLE
Les quoi ?

ISAAC
Les Aquarides : des étoiles filantes. Les Aquarides, c'est le nom d'un nuage de débris...

M. DELISLE
Villedieu, j'ai pas le cœur à perdre mon temps avec les étoiles filantes. Puis embêtez-moi pas avec vos nuages de débris qui flottent dans les airs, des cochonneries, y'en a assez

comme ça qui traînent dans la cour. Vous allez me faire plaisir de m'enlever vos bébelles de devant ma maison. J'ai des visiteurs qui viennent la voir la semaine prochaine.

ISAAC
La semaine prochaine.

M. DELISLE
Oui, puis j'ai pas envie que ça aie l'air d'une soue à cochons !

ISAAC
Vos acheteurs, est-ce qu'ils sont déjà décidés ? Ils veulent acheter tout de suite ?

M. DELISLE
Je l'sais pas. Ils vont bien me le dire quand ils vont visiter. Pourquoi ?

ISAAC
Parce que, monsieur Delisle, si vous avez pas d'acheteur sûr, moi, je vous l'achète, la maison.

M. DELISLE
Je la vends trop cher. Vous pourriez pas la payer. Et puis je veux la vendre le plus vite possible, je vous l'ai déjà dit. J'ai besoin d'argent.

ISAAC

Je sais que c'est beaucoup d'argent, mais avec mon planétaire, justement, je pourrai peut-être vous la payer plus vite que vous pensez.

M. DELISLE

Éclatant de rire. Vous pensez pouvoir acheter une maison avec ce tas de cochonneries-là ? Voyons donc !

ISAAC

Je suis sérieux. J'ai eu aujourd'hui le coup de téléphone que j'attendais depuis longtemps, il se peut que je fasse une série de télévision pour les enfants, sur l'astronomie. Le planétaire, ce sera la pièce maîtresse de la série. On va pouvoir montrer l'univers aux enfants.

M. DELISLE

Vous voulez dire qu'on va voir plein de p'tits morveux remplir les parterres de la ville avec des folleries comme ça ?

ISAAC

Peut-être bien.

M. DELISLE

Je pensais que c'était du monde sérieux, les gens de la télévision, theu !

ISAAC

Écoutez, monsieur Delisle, laissez-moi seulement deux semaines.

M. DELISLE

Non! Non! Non! Non! Non!

ISAAC

Je suis certain qu'ils vont acheter mon idée. Si ça marche, promis, j'achète la maison. Donnez-moi rien qu'une semaine. Je veux pas déménager, je suis bien ici, moi.

M. DELISLE

M. Villedieu, vous savez que vous êtes compliqué.

ISAAC

Une semaine, monsieur Delisle?

M. DELISLE

Après une longue hésitation. Bon, OK, je vous donne trois jours, pas un de plus. Moi, faut que je vende. (*Pour lui-même.*) Closepine de closepine! C'est pas tout, il faut que je retrouve mon chien. Oubliez pas: trois jours, pas plus!

ISAAC

Promis, trois jours!

*M. Delisle sort de fort mauvaise humeur.
Isaac demeure seul.*

ISAAC

Dans quoi est-ce que je viens de m'embarquer ?

*Katou, qui a tout entendu depuis la
fenêtre de sa chambre, entre rapidement
en scène pour rejoindre Isaac.*

KATOU

Isaac ! C'est vrai que tu vas déménager ? Hé !
ça n'a pas de sens ! Tu peux pas déménager.

ISAAC

Ben non, je ne déménagerai pas, voyons.

KATOU

Mais si M. Delisle vend sa maison, tu vas bien
être obligé de déménager, il ne te laissera pas
faire du camping sur le terrain, voyons !

ISAAC

T'as entendu tout ça, toi ?

KATOU

Oui, je sais, c'est pas poli, poli, d'espionner
les gens, mais j'ai pas pu m'en empêcher.
Isaac, je te défends de déménager, bon !

ISAAC

Rien que ça !

KATOU

T'as pas dit à M. Delisle que tu vas pouvoir acheter la maison avec l'argent que la télévision va te donner pour ton planétaire?

ISAAC

Pas si vite, Katou. C'est vrai que les gens de la télévision se sont montrés intéressés par mon idée mais c'est pas encore fait. Il faudrait d'abord les convaincre de venir voir le planétaire cette semaine, et puis le planétaire, il faut le finir d'ici trois jours.

KATOU
Y'a rien là!

ISAAC
C'est un peu vite quand même.

KATOU
Isaac, tu la veux la maison, oui ou non?

ISAAC
Oui, c'est sûr.

KATOU
Tu vois, tu l'as, la réponse. Il reste juste à finir le planétaire.

ISAAC
Oui, mais trois jours, Katou, c'est pas long.

KATOU

Je vais t'aider puis tu vas voir ça ne niaisera pas, fais-moi confiance. Il nous manque des choses, c'est pas grave. C'est le jour des poubelles; ce soir on fait le tour du quartier, puis on ramasse tout ce qu'on peut.

ISAAC

Puis les gens de la télé, hum?

KATOU

Puis les gens de la télé, eux? Tu rentres chez vous pis tu te mets sur le téléphone. Je te défends de me parler tant que tu les auras pas convaincus de venir nous voir, c'est clair?

ISAAC

En rigolant. OK, boss!

KATOU

Hé! t'es mon seul ami. Je vais tout faire pour te garder, même s'il faut que je vire la ville à l'envers. Je vais te garder, point final.

ISAAC

Bon... OK, on va essayer. Qu'est-ce que je ferais si t'étais pas là, hein?

KATOU

En attendant, tu fais rien pantoute. Tu rentres chez vous pis tu te mets sur le téléphone, pis dépêche!!!

Elle pousse carrément Isaac chez lui.

ISAAC
Bon, bon, j'y vais ! J'y vais !

KATOU
On se rejoint ici à sept heures demain matin,
OK ?

ISAAC
Sept heures, promis, boss !

KATOU
Il est pas pire pour un vieux.

Noir.

SIXIÈME ENSEMBLE

Isaac entre avec la planète Neptune et va l'installer dans le planétaire. Katou entre avec trois sacs de vidanges pleins. Isaac l'aide et il lui fait signe qu'il s'absente un moment.

LE CHAT

Ah! non! Ils en ont encore ramassé, si ça continue on n'aura même plus de place pour s'écraser au soleil. Oh! Si c'était juste de moi *(Il saute fâché et se retourne à l'envers.)* Ah! Aah! Aah!

KATOU

Salut chat! Ça va être beau, hein? *(Montrant Io.)*

LE CHAT

Voix hors champ. Toujours à l'envers. Bon, tant

pis, je vais faire mon travail de chat. (*À haute voix.*) Miaou !

Il se rapproche de Katou et va se frotter sur ses épaules.

KATOU
Chat, fais attention. Tu vas tout coller tes poils ! Je me demande si c'était une bonne idée de faire la paix avec toi, t'es tellement rendu colleux. Regarde mon satellite.

LE CHAT
Voix hors champ. Satellite ? Ça, c'est encore une idée qu'Isaac lui a mise dans la tête. Je suis sûr qu'elle sait même pas ce que c'est.

KATOU
C'est Io. Io, c'est un satellite naturel comme la Lune, sauf que lui, il ne tourne pas autour de la Terre comme la Lune, mais autour de la plus grosse planète du système solaire : Jupiter.

LE CHAT
À haute voix. Ouaille ! (*Il bâille et se couche.*)

KATOU
Bon, bon, j'ai compris, minute.

Elle dépose son satellite et son pinceau sur la table.

KATOU
Tu vois la tache en jaune et orange juste là ?

LE CHAT
Voix hors champ. Évidemment que je la vois,
je suis pas encore aveugle. Non mais t'sé !

KATOU
C'est un volcan.

LE CHAT
Voix hors champ. Un volcan ? Un volcan sur
un satellite, ben voyons donc ! (*À haute voix.*)
Ha ! Ha ! Ha !

*Le chat se tord de rire sur les genoux de
Katou.*

KATOU
Ben, voyons, qu'est-ce qui te prend, toi ?

LE CHAT
Voix hors champ. Un volcan ! Pourquoi pas
des geysers pendant qu'on y est ? Puis des
plages avec des palmiers, et puis des gens
qui se font bronzer en costume de bain ?
(*À haute voix.*) Ha ! Ha ! Ha !

Isaac entre avec un sac dans les bras.

ISAAC

Ouf! je suis arrivé à la quincaillerie juste avant qu'elle ferme. J'ai tout trouvé.

KATOU

Regarde, j'ai fini le satellite.

LE CHAT

Hou! Hou! Hou!

ISAAC

Qu'est-ce qui lui prend?

KATOU

Je pense qu'il rit de moi.

ISAAC

S'approchant du satellite. Hé! hé! T'as même réussi à faire son volcan.

LE CHAT

Voix hors champ. Quoi? Qu'est-ce qu'il a dit?

KATOU

Ouais, j'ai lu ça dans un de tes livres, qu'ils venaient de découvrir des volcans sur Io.

ISAAC

Même que les volcans de Io seraient peut-être les plus gros et les plus puissants de tout le système solaire.

LE CHAT
Voix hors champ. S'aplatissant. OK, je dis plus rien.

Le téléphone sonne chez Isaac.

ISAAC
Encore ? ! ! !

KATOU
Ça a sonné deux, trois fois depuis que t'es parti.

ISAAC
C'est peut-être le téléphone que j'attendais. Hé ! hé ! le fameux téléphone.

KATOU
Pour ton livre ?

ISAAC
Pour notre livre et notre système solaire.

KATOU
Comment ça, notre livre ?

ISAAC
Avec tout le temps que tu mets à m'aider Katou, ça va être autant ton livre que le mien. Je vais faire mettre ton nom sur la couverture.

KATOU
Hein ?

ISAAC
Faut que j'y aille avant qu'il ne raccroche.

Isaac entre à la course répondre à l'appel.

KATOU
Toute fière. Je te l'avais dit qu'il y avait des volcans sur Io.

Elle embrasse le chat.

LE CHAT
Redressant les poils. Ouache ! C'est dégoûtant.

Katou embrasse de nouveau le chat.

LE CHAT
Crachant de plus belle. Chhht !

KATOU
Bon, au travail !

Le chien de M. Delisle entre, tout essoufflé, et grimpe sur la montagne d'objets.

LE CHIEN
Voix hors champ. Il ne me suit plus, je l'ai eu. Si jamais il me retrouve, il va me faire passer un mauvais quart d'heure.

KATOU

Ah ! c'est le chien de M. Delisle. Salut, mon beau chien.

LE CHAT

Voix hors champ. Ah ! non, pas lui, pas le chien ! (*À haute voix et en chœur.*) Chiiiii ! Miaow !

LE CHIEN

Apercevant le chat. Ah ! non, pas lui, pas le chat ! (*À haute voix.*) Hun ! Hun !

KATOU

Au chat. Arrête-toi, tu vois pas que tu lui fais peur.

Elle se lève et va vers le chien pour le prendre dans ses bras.

KATOU

Viens, mon beau chien, viens. Tu trembles ? C'est pas moi qui te fais peur, j'espère ? Allez viens, j'ai quelqu'un de très aimable à te présenter...

Katou revient à la table. Le chat se tient à l'écart sur la table de travail.

KATOU

Connais-tu chat, mon chien ?

LE CHIEN

Voix hors champ. Si je le connais ? Il me court tout le temps après.

LE CHAT

Voix hors champ. Qu'elle fasse ce qu'elle veut, moi, je ne lui parle pas. Je ne le regarde même pas.

KATOU

Déposant le chien sur la table. Chat, je te présente chien. Chien, c'est chat. (*Le chat griffe le chien qui saute dans les bras de Katou.*)

LE CHAT

Miaow !

LE CHIEN

Hun ! Hun ! Hun !

KATOU

Hé ! ça va faire, vous autres ! Qu'est-ce que vous avez, les chiens puis les chats, à toujours vous courir après les uns les autres ? Il y a déjà assez des humains qui sont toujours à se tirer les cheveux ou à se faire la guerre. (*Le chat attaque le chien avec sa patte.*) Vous saurez que, dans ma ruelle, j'endurerai pas la chicane, ça va faire !

LE CHAT
Voix hors champ. Quand elle se fâche, celle-là, elle se fâche pas à moitié.

LE CHIEN
Voix hors champ. Qu'est-ce qu'on fait ?

KATOU
Envoyez, faites la paix, pis plus vite que ça !

LE CHAT
Bon, bon. Puisqu'il le faut, ce sera fait. Enchanté, enchanté, enchanté.

Le chat le premier se rapproche du chien et lui touche le museau avec la patte. Le chien lèche exagérément le chat.

LE CHAT
Voix hors champ. Ouache ! Il est dégoûtant, il a des poux, celui-là, pouah ! OK, OK, on est amis, mais arrête de me lécher. Arrête !

LE CHIEN
Hum ! Hum ! (*Il lèche à nouveau le chat.*)

LE CHAT
Crachant. Pouah !

KATOU
C'est pas mieux comme ça, non ? D'où est-ce que tu sors, toi ? Tu t'es sauvé ? Pauvre chien.

Je te comprends, c'est vrai que M. Delisle, il a pas l'air commode, commode. Où est-ce que tu vas aller ? Comment tu vas faire pour manger ?

M. Delisle
Voix hors champ. Pitou ! Pitou ! Où est-ce que t'es passé ? Attends que je te trouve, toi, tu vas avoir affaire à moi !

Le chien
Voix hors champ. C'est lui, mon maître, il s'en vient. Faut que je me sauve.

Katou
Vite, viens mon chien, on va te cacher !

M. Delisle
Regardez-moi ça. Ça s'améliore pas. En plus, le tas a encore grossi. Bon, son chat par-dessus le marché. Dis-moi donc, toi, tu l'au-rais pas vu mon paquet de puces ?

Le chat
Miaow ! (*Il grimace.*)

Grand seigneur, le chat lui tourne le dos et disparaît derrière le tas.

M. Delisle
Aaah ! C'est bien le chat de son maître... Isaac !... Isaac ! Oh ! Mais tu gagneras pas

contre Delisle, toi... oh non ! Si tu penses que je vais te laisser acheter ma vieille cabane juste au moment où j'ai trouvé une bonne idée pour me débarrasser de toi, ben tu t'trompes !!! Des Isaac, on n'en a pas besoin dans ce quartier-là. Aaaaah ! Une belle ruelle... que j'ai mis trente ans à acheter pour en faire un beau paradis tranquille. Un beau coin avec des familles tranquilles... des familles qui font pas de bruit le soir, qui pelletent la neige l'hiver... pis qui font des beaux barbecues l'été, derrière de belles maisons toutes reconstruites en belles briques neuves... le paradis !!! Il faut que je trouve un moyen pour qu'il n'achète jamais ma vieille cabane.

Un bruit de poubelle renversée attire son attention vers les coulisses.

M. DELISLE

Pitou ! Pitou, c'est toi ? Attends un peu que je t'attrape, toi !!! Arrive à maison *tu suite* !

Il sort et court vers l'endroit d'où le bruit est venu. Les lumières tombent sur la ruelle.

SEPTIÈME ENSEMBLE

KATOU

Personne... c'est parfait... OK, chien, tu peux rentrer. Ben non, voyons, aie pas peur, rentre, j'te jure, y'a pas un chat dans la maison.

Le chien saute sur le lit.

KATOU

Bon, bon chien. Aïe... j'ai eu peur en bibitte ! J'espère que M. Delisle nous a pas vu entrer ici.

Le chien s'apprête à repartir, tout piteux.

KATOU

Hé ! où est-ce que tu vas comme ça ? Ben non, voyons, pauvre pitou, tu sais pas où aller. Reste, de toute façon, ma mère n'est pas là pour le moment... Je ne sais pas si elle va comprendre que je te garde pour la nuit ?

C'est pas grave, on va tout lui expliquer, hein ?

Un bruit dans l'escalier, des lumières s'allument dans la maison.

KATOU
Hi ! Hi ! Arrête, tu me chatouilles !

LA MÈRE
Katou ?

KATOU
Ma mère ! vite, faut te cacher !

Katou a juste le temps de cacher le chien sous ses couvertures, d'éteindre sa lampe de chevet et de s'installer dans le lit, faisant semblant de dormir.

LA MÈRE
Katou ? Katou ! Ne fais pas semblant de dormir, j'ai vu la lumière en-dessous de la porte. Je sais que tu ne dors pas.

La mère de Katou entre dans la chambre.

LA MÈRE
Katou, ne fais pas semblant, veux-tu ?

La mère aperçoit quelque chose au bout du lit. Elle s'en approche et soulève la couverture pour apercevoir les souliers de

Katou. La mère délace les chaussures de Katou.

KATOU
OK, c'est vrai, je dormais pas. Maman, il faut que je te dise : notre livre, il va être publié. Tout le monde va pouvoir connaître notre système solaire.

LA MÈRE
Votre livre ? C'est pas celui d'Isaac ?

KATOU
Ben oui, sauf qu'Isaac m'a dit que je l'ai tellement aidé que ça va être mon livre autant que le sien. Hé ! j'vais avoir un livre avec mon nom dessus !!!

LA MÈRE
Je te l'avais dit que tu finirais par te faire des amis dans le quartier.

KATOU
C'est vrai qu'il est fin, Isaac, pour un vieux.

LA MÈRE
Un vieux ? Il est plus jeune que moi.

KATOU
Oh ! excuse.

LA MÈRE

En riant. C'est rien, c'est rien. Eh! ma fille, jamais j'aurais cru te voir un jour aussi passionnée pour le ciel puis les étoiles. Si seulement Isaac pouvait te donner le goût de faire ta chambre, ce serait génial! Faut dire que celui-là, quand on l'entend parler du ciel, ses yeux brillent comme des chandelles. (*Sursautant.*) Eh! Qu'est-ce que c'est ça?

LE CHIEN

Tout heureux. Wrauf! (*Il saute lécher la main de la mère.*)

LA MÈRE

Qu'est-ce qu'il fait là, lui?

KATOU

Fâche-toi pas, maman, fâche-toi pas, je vais tout t'expliquer.

LA MÈRE

C'est le chien de M. Delisle, ça?

KATOU

Mets-le pas dehors, maman. Il s'est sauvé, il ne sait pas où aller pis s'il retourne chez lui, on ne sait pas ce qui va lui arriver. M. Delisle peut lui faire du mal...

LA MÈRE
Euh !

KATOU
Dis oui, dis oui...

LA MÈRE
Oui, oui, oui, mais c'est seulement pour ce soir.

KATOU
Yahou !

LE CHIEN
Wrauf !

LA MÈRE
Chut ! Pas si fort, y'a des gens qui veulent dormir alentour.

KATOU
Pardon. T'as entendu ça, chien ? Je te garde.

LE CHIEN
Wrauf ! Wrauf ! Wrauf !

LA MÈRE
Bon, bon, on se calme dans la cage, c'est l'heure de fermer le zoo.

KATOU
Le zoo ! J'suis pas un singe !

LA MÈRE
Dodo pour tout le monde, il est tard.

KATOU
Mais maman, faut que je t'explique...

LA MÈRE
Demain Katou, demain.

La mère embrasse trois fois les joues de Katou. Le chien veut un baiser, lui aussi. Elle s'exécute.

KATOU
Maman, je voulais te dire....

LA MÈRE
Demain, Katou. Bonne nuit !

Katou se redresse dans son lit et parle au chien qui se fait une place sur l'oreiller.

KATOU

Bon, elle est partie. C'est comme ça, les mères, chien, on veut leur expliquer quelque chose, on n'a pas commencé qu'elles sont déjà ailleurs. Au fond, c'est mieux comme ça, si j'avais essayé de lui expliquer tout ce qu'Isaac m'a dit, on y aurait passé toute la nuit pis elle se serait endormie avant que j'aie fini...

Mais le chien s'est déjà endormi et ronfle bruyamment.

KATOU

Bon toi aussi... bon ben, je te conterai ça demain, d'abord. Bonne nuit, mon beau chien !

Elle l'embrasse et le chien se réveille

LE CHIEN

Humm ? !!!

KATOU

Dors mon beau chien, dors !

Elle se couche avec le chien.

Les éclairages diminuent jusqu'au noir.

HUITIÈME ENSEMBLE

La chambre de Katou. Elle est debout près de son lit et plie sa grande couverture.

KATOU
Maman...

Le lit commence à bouger et se transforme en la table d'Isaac dans le jardin.

KATOU
Vite, maman, vite, j'ai une grosse journée avec Isaac aujourd'hui !

LA MÈRE
Isaac, Isaac, t'es bien excitée toi, aujourd'hui !

KATOU
Bonne journée, maman !

Katou embrasse sa mère.

LA MÈRE
Ah ! Les enfants, des fois !

La mère sort avec la couverture.

KATOU
Elle consulte sa montre. Hé ! Viande ! Déjà dix heures ? J'ai pas vu la journée passer. (*Elle va au planétaire.*) On les a presque toutes. On a déjà le Soleil, Mercure, la Terre, Mars, Jupiter, Saturne…

Isaac sort de chez lui avec des nouvelles planètes.

ISAAC
Et puis Vénus, Uranus et Pluton.

Isaac donne à Katou Vénus et Pluton.

ISAAC
D'abord Uranus…

KATOU
J'crois que c'est une des quatre géantes gazeuses, elle est toute entourée d'anneaux…

ISAAC
…et elle tourne sur elle-même comme un tonneau…

KATOU
Ensuite ?

ISAAC
Vénus.

KATOU
La belle Vénus.

ISAAC
Qui est ?

KATOU
L'étoile du Berger. Elle est toute entourée de nuages et on ne voit jamais, jamais sa surface...

ISAAC
Et finalement...

KATOU
La plus petite et la froide...

ISAAC
...et la plus éloignée dans le système solaire... Pluton.

ISAAC
Puis pour réchauffer tout le monde, pour faire apparaître la vie sur Terre, notre étoile à nous autres tous seuls : le Soleil.

KATOU
Isaac, on a réussi ! On l'a fini !

ISAAC
Yaaaaahou !

LE CHIEN
Wrauf ! Wrauf !

ISAAC
J'pensais jamais qu'on y arriverait à temps, Katou. Tu vas voir qu'ils vont être impressionnés, les gens de la télé. Tu vas voir.

KATOU
Comme dirait mon grand-père : « C'est de la ben belle ouvrage ça, mon garçon, de la ben belle ouvrage ! »

ISAAC
Comme dirait le mien : « Bateau ! C'est pas piqué des vers, pas pantoute ! Pantoute, pantoute, pantoute ! »

KATOU
T'auras juste à lui demander de venir faire un tour. En tout cas, tu peux être sûr que, mon grand-père, je vais lui demander de venir voir ça.

ISAAC
J'ai bien peur qu'il ne le verra jamais.

KATOU
Comment ça ? Tu le vois plus, ton grand-père ?

Katou s'installe sur la table.

ISAAC
Il est plus là, il a fait ce que font les grands-pères quand ils sont bien vieux.

KATOU
Rieuse. Il est parti en Floride ?

ISAAC
Non, il est mort.

KATOU
Mort ? Oh ! je m'excuse.

ISAAC
C'est pas grave, ça fait tellement longtemps que j'ai plus de peine, enfin, plus souvent. Des fois, quand je regarde le ciel la nuit, le nez dans un télescope, je me demande où est-ce qu'il peut bien être. Peut-être qu'il est perdu quelque part comme un capitaine de bateau à la dérive autour d'une autre galaxie.

Isaac s'installe à côté de Katou à la table.

KATOU
C'est triste.

ISAAC
Ben non, c'est pas triste ! C'est la vie !

KATOU
Ouais ! D'après toi, c'est grand comment l'univers ?

ISAAC
Imagine que notre système solaire tourne autour d'une toute petite étoile, le Soleil, minuscule dans notre galaxie, la Voie lactée. La Voix lactée rassemble cent milliards de soleils, c'est comme une île perdue dans l'espace, puis des îles comme la Voie lactée, on en connaît des centaines de milliards.

KATOU
Ça doit prendre de la place !

ISAAC
De la place dans l'univers, Katou, il y en a tant qu'on en veut. L'univers, c'est grand, grand...

KATOU
Ça me donne le vertige. (*Un temps.*) Isaac, penses-tu que quelque part dans l'univers, là tout de suite, en même temps qu'on se parle,

il se pourrait qu'il y ait deux personnes comme nous autres en train de regarder le ciel, se disant: «sur la petite étoile que je regarde, il y a peut-être un monsieur et une fille qui me regardent en se demandant si j'existe».

ISAAC
Qui peut le dire, Katou, l'univers est telle-ment grand que ça se pourrait bien. Regarde.

Une étoile filante fend le ciel.

KATOU
Une étoile filante! Faut qu'on fasse un vœu.

Ils demeurent muets un temps.

KATOU
Isaac?

ISAAC
Oui?

KATOU
Je vais te dire mon vœu. J'ai souhaité que tu rejoignes un jour ton grand-père sur une étoile.

ISAAC
Moi aussi, je vais te le dire, mon vœu. J'ai souhaité que tu n'arrêtes jamais de regarder

le ciel comme on le regarde aujourd'hui. Si tu y arrivais, Katou, ce serait comme un cadeau que je t'aurais fait. Je t'aurais donné le ciel au grand complet.

KATOU

J'ai souhaité aussi que tu déménages jamais. Tu sais, t'es mon ami.

Un moment tout doux se passe entre eux.

Musique.

LA MÈRE

Voix hors champ. Katou! Il est onze heures déjà!

KATOU

Onze heures? Soda!

ISAAC

Eh! oui, déjà, c'est ça, le ciel; le temps passe puis on ne s'en rend pas compte.

LA MÈRE

Voix hors champ. Katou viens, je t'ai laissé veiller, mais c'est l'heure!

KATOU

Maman, on a fini! Le planétaire est fini!

LA MÈRE
Voix hors champ. Tu me raconteras ça en enfilant ton pyjama, viens.

ISAAC
Je te l'envoie, Marie, bonne nuit !

LA MÈRE
Bonne nuit !

KATOU
Bon ben, il faut que j'y aille.

ISAAC
À demain Katou.

KATOU
C'est ça, à demain.

ISAAC
Katou ?

KATOU
Oui ?

ISAAC
Toi aussi, t'es mon amie. N'aie pas peur, je déménagerai pas, on a gagné, je vais acheter la maison.

Katou, sans doute trop émue pour répondre, sort tout heureuse. Isaac demeure un temps sur place. Il rentre chez lui.

KATOU
Regardant le planétaire. Certain qu'on va gagner. Maman, on a fini ! Le planétaire est fini !!!!!

Le chien, qui a assisté à toute la scène, demeure là, à regarder le ciel. Il monte sur la montagne d'objets récupérés pour mieux voir. Le chat entre et va se coucher pour la nuit sur le tas près du chien.

LE CHIEN
Voix hors champ. Tu le savais, toi, qu'il y a peut-être des chiens et puis des chats autour d'une étoile qui nous regardent en se demandant si on existe ?

LE CHAT
Voix hors champ. Chien, dors.

LE CHIEN
Voix hors champ. Dors, toi, si tu veux. Moi, je peux pas, c'est trop beau. Aoooow !

LE CHAT
Chht !

Le chat s'installe et s'endort dès qu'il a posé la tête. Le chien, le regard perdu dans le ciel, lance comme une plainte de coyote, un chant léger, comme un poème vers les étoiles.

LE CHAT
Chien ?

LE CHIEN
Hum ?

LE CHAT
Dors !

LE CHIEN
Bon !

Le chien dépose sa tête sur celle du chat puis s'endort aussi. La lumière tombe sur le plateau.

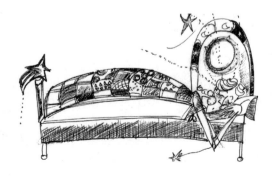

90

*L*e chien et le chat dorment l'un par-dessus l'autre. L'avertisseur de marche arrière d'un camion se fait entendre. Le chien se réveille.

LE CHIEN
Voix hors champ. Hum? Déjà les poubelles? Eh, réveille-toi! Chat, réveille-toi.

LE CHAT
Voix hors champ. Grummm, qu'est-ce qui te prend?

LE CHIEN
Voix hors champ. Écoute.

LE CHAT
Voix hors champ. Bien oui, c'est les poubelles pis après? C'est normal, chien dors.

LE CHIEN
Voix hors champ. En pleine nuit, les poubelles ?

LE CHAT
Voix hors champ. C'est vrai ça, j'avais pas pensé à ça. D'où ça vient ?

LE CHIEN
Voix hors champ. De par là.

Un bruit provient des coulisses.

LE CHAT
Voix hors champ. Qu'est-ce qu'il vient faire par ici, celui-là ?

LE CHIEN
Voix hors champ. C'est pas vrai, c'est pas vrai ! Vite, derrière le tas.

M. Delisle entre. Il entreprend de décrocher les deux plus grosses planètes.

M. DELISLE
Hé ! Hé ! Ce ne sera pas long, closepine, que je vais débarrasser ça de là ! C'est moi qui l'dis !!!

M. Delisle sort avec Jupiter et Saturne. Le chat et le chien émergent.

LE CHAT

Il s'en vient défaire le travail de mon maître, il faut faire quelque chose !

LE CHIEN

Faire quelque chose ? Faire quelque chose ? Écoute, si ça ne te fait rien, je vais me contenter d'être le meilleur ami de l'homme.

LE CHAT

Voix hors champ. T'es rien qu'un peureux.

LE CHIEN

Voix hors champ. Hé ! c'est chien ce que tu dis là !

LE CHAT

Je te ne le fais pas dire. En tout cas, si tu fais rien, moi, je vais le défendre, le jardin, et si jamais je suis blessé t'auras juste à m'amener chez le vétérinaire.

LE CHIEN

Voix hors champ. Je sais plus ce que je dis, moi. Je suis pas un peureux, puis s'il y a quelqu'un qui va chez le vétérinaire ça va être moi, pas toi. Compris ?

LE CHAT

Voix hors champ. Là, tu parles ! Il revient, t'es prêt ?

Le chien

Voix hors champ. Fais-moi confiance, je vais être derrière toi.

Le chat

Voix hors champ. C'est ça, derrière. Pauvre bête. Allons-y !

Le chien

Voix hors champ. Hé ! Hé ! attends-moi !

Ils disparaissent à nouveau derrière le tas.

M. Delisle

Tiens ! Tiens ! Une ! Deux ! Fini, les planètes. Ça fait pas trente ans que je vis dans ce quartier-là pour rien. J'ai fini d'endurer les folies d'un jeune effronté. Tiens, une autre à terre. C'est pas cet Isaac-là qui va m'empêcher de vendre... Oh ! non ! Pis j'vais vendre à qui je veux... c'est ça... à qui je veux ! Pis j'vais vendre à du monde comme moi... à du monde normal !!!

Comme M. Delisle se dirige vers une autre planète, le chat lui bondit dessus. Il crache de colère, le dos tout rond, et retombe sur le banc sous le planétaire.

Le chat

Chhhiiiittt ! Chhiiittt !

M. Delisle

Oh! toi, tu me fais pas peur, mon gros chat de coton mité. Tu peux bien crier tant que tu le veux, ton maître est pas là, je l'ai vu sortir avec la mère de la petite v'limeuse d'en face. Nous sommes seuls. Tu m'empêcheras pas de faire ce que j'ai à faire. (*Sortant une autre paire de pinces.*) Tu veux rester là, mon gros gras? Tu veux voir des étoiles? Ben, tu vas en voir!!!

M. Delisle fonce vers le chat avec des ciseaux. Le chat a juste le temps de faire trois bonds sur la tête de M. Delisle.

M. Delisle

Ayoye donc!

Le chat

Rigolant. Miaouw! Miaouw! Miaouw!

Le chat disparaît derrière la clôture. Le chien revient de l'autre côté rempli d'un courage plutôt fragile.

Le chien

Wrauf! Wrauf!

M. Delisle

Ah ben! Un revenant! Vous pensez pouvoir m'arrêter, hein? Vous saurez que c'est pas deux chicots comme vous autres qui vont m'énerver.

Le chien
Wrauf ! Wrauf !

M. Delisle
J'vais t'avoir, toi, j'vais t'avoir !

Le chat
Miaow ! Miaow ! Miaow !

M. Delisle fonce vers le chien qui se tient derrière la clôture. Le chat en profite pour lui sauter dans le dos.

Le chat
Voix hors champ. C'est le temps de m'aider, chien, saute ! Saute !

Le chien
Comme un loup. Haouuuuuuu !!!

Le chat et le chien sautent sur M. Delisle. Le chat mord le fond de culottes de M. Delisle et revient se cacher derrière la clôture.

Le chien
Hein ! Hein !

M. Delisle
Avant de partir. Vous autres, vous l'emporterez pas au paradis !

Le chien
Bien planté, frondeur sur ses quatre pattes.
Wrauf !

M. Delisle sort à la course.

Le chat
Voix hors champ. On a gagné ! Victoire !
Victoire !

Le chien
Wrauf ! Wrauf !

La musique achève cette séquence.

DERNIER ENSEMBLE

M. *Delisle entre en marchant douce-ment dans la ruelle, comme par hasard. Il ramasse une planète qu'il dissimule sous son manteau en guise de souvenir. Isaac entre avec le chat dans les bras.*

M. DELISLE
Ça va bien le déménagement, M. Villedieu ?

ISAAC
C'est terminé.

Isaac remet les clés à M. Delisle.

M. DELISLE
Bon !... Oh ! le beau minou ! (*Le chat lui crache au visage. M. Delisle recule.*)... Oh ! c'est pas grave. Coudonc ! c'est d'la job, hein, déménager ? Ben d'la job... Bon ben,

j'vous retiens pas plus longtemps, j'vous laisse travailler... Oh! pis j'oubliais... si vous passez dans l'coin, venez nous dire bonjour... ça fera plaisir...

ISAAC
C'est ça.

Et M. Delisle ressort avec un drôle de petit sourire sous la moustache. Isaac le regarde sortir avec une moue mi-figue mi-raisin et sort avec le chat.

ISAAC
Attends-moi, chat, je reviens tout de suite.

Isaac entre dans la maison et ferme les volets de la fenêtre. Katou entre à la course, son sac d'école sur le dos.

KATOU
Issac! Qu'est-ce que tu fais là?

ISAAC
Je déménage.

KATOU
Tu déménages? Tu te sauves? Aïe! Tu me l'avais même pas dit. Si j'étais pas arrivée, tu serais parti sans me dire bonjour, comme un voleur. T'es comme les autres adultes, t'es pareil, pareil!

ISAAC
Katou, Katou. Retourne-toi pas à l'envers comme ça.

KATOU
On me dit jamais rien à moi, il faut que j'endure tout toute seule !

ISAAC
Katou ?

KATOU
Touche-moi pas, toi !

ISAAC
Katou, je m'excuse, c'est moi qui ai demandé à ta mère de rien te dire tout de suite, je voulais pas te faire de peine pour rien.

KATOU
Ben, c'est fait !

ISAAC
Je m'excuse, Katou, j'ai fait une erreur. J'aurais dû te le dire avant.

KATOU
Ça a servi à quoi que je déménage, que je laisse tous mes amis, que je me force pour m'en faire des nouveaux, que je travaille tout

l'été pour rien si tout doit partir en fumée à la fin des vacances?

ISAAC
Je vais toujours être ton ami, Katou.

KATOU
Un bel ami qui s'en va, sans dire bonjour.

ISAAC
Je sais Katou, j'ai eu tort. Qu'est-ce que tu veux, une fois le planétaire détruit, les gens de la télé pouvaient plus se décider assez vite pour que je sois capable d'acheter la maison. Ça fait que M. Delisle l'a vendue puis maintenant il faut que j'aille rester ailleurs. C'est la vie.

KATOU
C'est la vie, c'est la vie. C'est tout ce que vous êtes capable de dire, les adultes, quand ç'a pas d'allure: c'est la vie!

ISAAC
Katou, Katou, on va pas se laisser comme ça.

KATOU
Qu'est-ce que ça peux bien te faire? Tu t'en vas à l'autre bout du monde.

ISAAC
Je vais revenir te voir de temps en temps, et puis il y a le téléphone.

KATOU
Le téléphone.

ISAAC
Mais oui, le téléphone. Puis il y a notre livre.

KATOU
Le livre, le livre.

ISAAC
Ben oui, le livre. Katou, on n'a pas travaillé pour rien. Le planétaire est brisé, mais on sait comment le refaire. Le livre va être publié, l'émission de télé, ça va prendre plus de temps, mais je suis certain qu'ils peuvent encore dire oui.

KATOU
Tu jures que tu vas revenir me voir ?

ISAAC
Juré craché.

KATOU
Crache !

ISAAC
Il s'exécute. Juré.

La mère revient avec le chien juste à temps pour saluer Isaac. Il sort. Isaac dit bonjour à Katou.

KATOU
Et puis l'automne est arrivé. Isaac a tenu sa promesse, il est revenu me voir souvent, même que des fois j'trouve qu'il vient surtout voir ma mère...

LA MÈRE
Oh! toi, ma coquine! Tiens ton chien.

KATOU
Merci.

La mère sort.

KATOU
Ils ont l'air de s'aimer, ces deux-là... Plus j'pense à mesure que le temps passe, plus j'me dis que c'est Isaac qui a raison. Dans l'univers tout change et se reconstruit. Quand on pense que c'est la fin du monde, un nouvel univers se reconstruit à partir des morceaux de l'ancien qu'on croyait mort, et puis la vie revient... Hein mon chien? (*Elle dépose le chien sur la table.*) Ah! le livre est sorti en octobre:

juste à temps pour ma fête, un cadeau d'Isaac. Mais son plus beau cadeau, c'est quand je regarde le Soleil se coucher le soir et revenir le lendemain matin. J'ai compris que tant qu'on aura le Soleil pour nous chauffer la couenne, tout pourra toujours recommencer. Pas vrai, mon chien ?

Le chien se sauve. Katou et le chien tournent autour de la table. Katou l'attrape et l'embrasse.

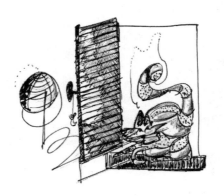

LA CHANSON SOUVENIR

Quand la nuit noire
Du souvenir
Revient chavirer
Ton sourire
Quand il n'y a plus rien
Pour l'espoir
Quand les ombres
Et les égarés
Reviennent en nombre
À la nuit
Frapper à ta fenêtre
Parader leur silhouette
Quand le vent du nord
Quand le vent qui mord
Reviendra t'ébranler
Je serai là

Je serai là
Pour te rassurer
Dire que les amis
Jamais ne s'en vont
Ils s'évadent un jour
Simplement
Que si les noms s'effacent
Comme les visages
Sous les glaces
Du passé

Qu'ils perdent ta trace
Finissent par t'oublier
Que si les longues distances
Et les longues absences
Finissent par déchirer
Tes carnets d'adresses
Moi
Je serai là

Et dans le soir
Le froid
Et le blizzard
On s'emmitouflera
Voir les étoiles
Et le nez dans le ciel
Inquiétant...

Tu me montreras du doigt
Les mystères qui laisseront sans voix
Et on s'assoira sans rien dire
Se posant les mêmes questions

Quand la fête noire
Du souvenir
Reviendra froide
Sans avertir
Me casser la voix
Écorcher mes espoirs

Quand les ombres
Et les égarés
Viendront en nombre
Sur mon lit
Semer leur cauchemar

Amarrer leur drakkar
Quand le vent du nord
Quand le vent qui mord
Reviendra m'achever
Toi...

Seras-tu là...

    Noir.

TABLE

L'AUTEUR

 RAYMOND POLLENDER est le fondateur du Théâtre Le petit Chaplin. Lauréat du prix Michael-Smith pour la promotion des sciences et de l'éducation en 1994, il est l'auteur de plusieurs pièces de théâtre jeunesse. Il a mis sur pied, avec le Jardin Botanique de Montréal, un ambitieux projet où théâtre et sciences se rencontrent: le Jardin spectaculaire. Dramaturge, compositeur et comédien, Raymond est une grande personne avec un cœur d'enfant.

AUTRES PUBLICATIONS DE L'AUTEUR

Une première version du *Cadeau d'Isaac* a été publiée chez Québec/Amérique en 1992

Tizoune, Montréal et les autres, théâtre, VLB Éditeur, 1995

Encore une lettre du bout du monde, théâtre, Le Loup de Gouttière, 1997

L'ILLUSTRATRICE

Entre deux notes de musique, CATHERINE CHAUMONT griffonne et dessine sur des feuilles de papier à longueur de journée. Elle adore les contes, les légendes et les fables et donne vie à une multitude de personnages fantaisistes. Son intérêt pour les voyages l'a menée jusqu'en Irlande où elle a animé des ateliers artistiques au National Museum of Ireland, à Dublin. Musicienne et artiste, Catherine se passionne pour l'électro-acoustique, l'illustration et la gravure.

Collection
Les Petits 🐾 Loups

▽ 6 ans et plus

▽ ▽ 7 ans et plus

▽ ▽ ▽ 9 ans et plus

Loup +

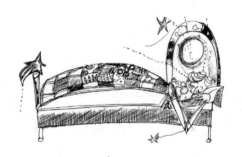

Achevé d'imprimer
en novembre 2002 sur les presses
de AGMV Marquis, imprimeur inc.
Membre du Groupe Scabrini.